AF209101

Gör skillnad

Dragana Stanković

Gör skillnad

FSC
www.fsc.org
MIX
Papper från
ansvarsfulla källor
Paper from
responsible sources
FSC® C105338

© Dragana Stanković 2022

Förlag: BoD – Books on Demand, Stockholm, Sverige

Tryck: BoD – Books on Demand, Norderstedt, Tyskland

ISBN: 978-91-8057-983-4

Innehåll

Till mina föräldrar
Tack för att jag fick komma till världen.

Jag har länge funderat på en fråga, som jag inte kan få ut ur mina tankar. Vad är det som rör på sig men går aldrig?

Barndom

I över 30 år har Sverige varit mitt hem, min trygghet. Att växa upp i ett främmande land kan för många kännas svårt. Jag har dock aldrig haft den här känslan. Och det kan vara för att jag inte har behövt eller haft tid att lära känna den här känslan. Min barndom har varit olik många andras, jag väljer därmed att namnge min barndom för annorlunda. På så vis har jag förstått att jag alltid har varit annorlunda.

Vi har olika perioder i livet, och varje period tycker jag, för med sig något som vi i vuxen ålder sedan kan blicka tillbaka på. Fram till 8 års ålder kunde jag ständigt känna hur luften svep in genom näsan och in till lungorna. Det var enkelt, livet var enkelt. Det fanns inte mycket att behöva oroa sig för. Jag minns att mina barndomsår innehöll många nya kamrater, utflykter, en hel del spring och ett nytt vokabulär. Livet kunde inte bli bättre än så. Jag insåg tidigt att sporten var en stor passion, vilket senare skulle komma att utvecklas.

Mellan åren 8 och 12 förändrades något, livet. Allt som en gång upplevdes som enkelt, fanns inte där längre. I mitt liv innebar det här att en ny och annorlunda tidsperiod var kommen. Min kära mor skrev in mig på en gymnastikskola i Stockholm. Jag avgudade verkligen gymnastiken och gör det än i dag. Den lever fortfarande inom mig, som ett evigt bevarat minne. Som ung är man nog inte lika disciplinerad vad avser skolan. Jag upplever att föräldrar brukar behöva dubbelkontrollera att man verkligen har gjort sina läxor, vilket är fullt normalt. Som barn må man tycka att det bryter mot någon form av förtroende, men genom åren får man förståelse för deras intention.

Vid 8 års ålder växte en stor passion fram för lärande. Jag insåg fort att skolan skulle komma att bli min verktygslåda för allt nytt som väntas i livet. I samband med det här fick jag lära känna min allra största passion, böcker och skrivandet. Jag kommer att återkomma till den här delen. Tidigare nämnde jag att min barndom var annorlunda. Något fick en vändning en dag. Första gången jag blev utstött var som 8-åring. Det fanns olika regler och principer att följa som barn, om man hade som mål att förbli någon annans kamrat. Att ha makt och kontroll över någon annan som liten, är något som jag i dagsläget inte finner väsentligt. Dock existerade det, just då. Ibland kunde saker ske utan att jag lyckades förstå varför och som barn förblev det oklart för mig. Bland lärarna var jag omtyckt. Jag studerade intensivt, var aktiv under lektionstid och fullbordade alla uppgifter. I skolan var jag alltid väl bemött och välkommen. Rasterna och lunchtiden var dock perioder som kändes tomma. Ibland fann jag ingen vilja att behöva ta mig till matsalen. När det här pågick längtade jag till gymnastiken, min eviga tillflyktsort. Som barn hade jag en konstant vilja att fly ifrån de här situationerna. Jag visste inte bättre än att vilja komma ifrån. Gymnastiken förstod mig och jag förstod gymnastiken. Vi kunde kommunicera med varandra utan några missförstånd. Här kunde jag vara fri, gymnastiken var min goda vän.

Jag nämnde ovan att jag under den här perioden lärde känna min allra största passion, böcker och skrivandet. Det kvarstår. Alla de här händelserna öppnade upp dörrarna för något som för mig skulle bli otroligt kärt, mitt skrivande. Jag var 8 år och började skriva. Skriften väckte liv i mig, i mina tankar och själ. Jag var ung redan då, men jag har insett nu att allt då skulle komma att ha en stor mening i dag.

I femte klass fick vi alla möjligheten att lära känna en fadder, som genom den sista delen av studietiden skulle fungera som en hjälpande hand för oss elever i skolan. Jag hade en uttrycksfull och genuint förstående fadder. Den här individen var någon som jag främst skulle föredra att ha med ute på rasterna, då jag kände att raster och lunch inte var något att längta till. I dag är jag tacksam för den tid jag fick med min dåvarande fadder. Den här fantastiska individen hade en uppfattning om att jag skulle bidra med något meningsfullt och ihågkommet i världen. Den uppfattningen bär jag med mig än i dag.

Tonår

I föregående kapitel belystes mina tidiga barndomsår. Mina tonår skulle jag i stället kunna beskriva som en tidsperiod full av utforskande. Mellan åren 13 och 15 är något av ett mellanrum i mitt liv. Något som lämnar plats för att försöka förstå sig på händelser, kroppen och tankar. Jag gick på högstadiet, tidigare kamrater hade nu beblandats med andra helt nya ansikten. Något som jag i dag kan bekräfta, är att jag aldrig gav upp om skriften. Då förstod jag inte varför jag fortsatte att skriva, i dag är dock den här tanken oväsentlig. I dag är jag medveten om mycket mer. Jag lärde känna nya känslor, en av de första var nog kampen. Att försöka kämpa sig igenom alla möjliga situationer, negativa som positiva. I högstadiet blev jag slagen för första gången. Jag har aldrig förespråkat våld. För mig löser det aldrig konflikter. Jag kände mig som en boxningssäck, ovetandes och samtidigt vetandes att smällen inte var långt ifrån. Att stå där och se sig omkring, många ansikten men ändå var det tomt. Det här var en helt ny känsla för mig.

Jag hade inte gymnastiken längre, någonstans kändes det som att min goda vän hade flyttat till ett annat land. Jag hade dock skolan och visst älskade jag att lära mig. Alla nya ämnen, lärare och diskussioner gav upphov till rika delar som gav mig ljusa tider i mina tonår. Jag fortsatte att skriva och det var inte förrän i slutet på högstadiet, vid 15 års ålder, som jag förstod att skriften var en del av mig.

Gymnasietiden var en spännande period. Återigen började jag på en ny skola, den här gången med nya kamrater. Jag hade en barriär uppsatt under de här åren. Det blev någorlunda komplicerat att släppa in nya människor. I dag förstår jag att det här var en effekt av tidigare relationer som fanns i mitt liv. Det här förblev tydligt genom åren, då jag vid ett flertal tillfällen blev missförstådd. Att inte vara tillräckligt öppen som människa. Jag hade min skola, den förstod mig på samma sätt som gymnastiken en gång gjorde. Lite konstruktiv kritik ansåg jag som nyttigt utvecklingsmässigt. Desto mer jag lärde mig desto mer förstärktes passionen för litteratur och skriften. Hälsoproblemen blev oundvikliga under den här perioden. Något som senare skulle komma att konstateras. Studentfotograferingen fann jag nästan ingen vilja eller kraft att gå till. Men jag tog mig dit, det här skulle efter allt vara ett minne som jag bar med mig resten av livet.

Vuxenår

Redan vid 18 års ålder började något av vad man skulle kunna beskriva som, strävan att bevara ett friskt och hälsosamt liv. I mitt fall var det nog återigen en kamp om att göra något åt rådande situationer som jag hade försatts i. Alltifrån operationer, livmodercystor, andningsproblem, kraftig viktnedgång till hudproblem. Listan är lång, sorligt nog. När jag nu i vuxenlivet som helhet blickar tillbaka, har jag ställts inför en hel del motgångar. För mig är livet dyrbart. Jag har alltid haft en vilja att göra något bättre, att skapa en mening. Inte enbart för mig själv utan även för andra, som möjligtvis kan relatera till något av det som jag väljer att dela med mig.

Jag påbörjade universitetet vid nästan 19 års ålder. En otroligt underlig känsla. Helt plötsligt kände jag mig vuxen. Jag har alltid varit disciplinerad vad gäller undervisning och uppgifter. Det är ingen som benämner att man måste studera på universitetet, det finns här inget måste enligt min uppfattning. För mig har det varit tydligt sedan dag ett, jag älskade att lära mig nytt. Universitetet skulle likaså förbli ett verktyg som jag lägger ner i min verktygslåda. Det här är något som jag sedan kan ta fram när jag väljer att bygga vidare på min framtid.

Jag fortsatte att skriva under samtliga perioder. Trots det här inser jag nu att skriften någorlunda hamnade i skuggan av alla andra omständigheter, andra ämnen. Jag hade inte fokus på egna böcker under den här perioden, för i det avseendet hade jag nog försökt att få min bok utgiven vid 22 års ålder. Jag har i efterhand förstått att det var menat att boken skulle innehålla fler upplevelser och tankar än de som fanns då. Beteendevetenskapliga ämnen har jag alltid funnit vara intressanta. Och på gymnasienivå läste jag ett samhällsvetenskapligt program med ekonomi och kommunikation som inriktning. Här ingick även en hel del beteendevetenskap, bland annat psykologi. Jag har i mitt vuxenliv läst ett flertal lärorika ämnen. Och lyckligtvis har möjligheten funnits till mitt förfogande. Jag har fått uppfattningen att man inte finner rätt med en och samma gång. Ibland kommer det som är menat för en åt sidan, i samband med saker som hamnar någonstans emellan. Men jag tror att det som är menat för en kommer att finna en, när man är redo att själv acceptera sin uppgift i den här världen. Juridik och politik är likaså ämnen som har följt med mig sedan gymnasienivå. Rättvisa och ett gott välfärdssamhälle har varit utgångspunkter för mig att vilja fortsätta framåt. Jag tror att en bättre värld är möjlig att få, i den mån man respekterar den man i dagsläget lever i och är villig att självmant bidra med en förbättring. Det återfinns en rad olika aspekter i mitt liv. Människor som jag har träffat, platser som jag har sett, ämnen som jag har studerat och känslor som jag har lärt känna. Främst av allt har jag haft människor som har blivit en del av min utveckling. De här människorna tycker jag förtjänar en egen del i den här boken och kommer därmed att återges i följande kapitel.

Någonstans kan det vara otydligt hur mycket man ska skriva om sitt vuxenliv eller huruvida det finns någon gräns överhuvudtaget. Mitt är fortfarande i en aktuell fas, i den mån kommer fokus att ligga på nuet och framtiden. Vissa aspekter är i dåtid, andra är i nutid och sedan återfinns även de som komma skall. Sådana saker som man strävar efter att och hoppas kunna fullborda. Jag älskar att skriva och är medveten att skriften är en del av mig, kära läsare. Att få höra andras berättelser väcker alltid en stor nyfikenhet hos mig. Jag tror att det gör att man växer som individ. I det här kan man dessutom finna motivationen att själv våga förmedla det man har upplevt. För visst finns det budskap och känslor. Livet, främst av allt handlar det om livet. Allt för mig går i en cirkel och jag älskar verkligen livet.

Motivation och vägledning

Vad är det som rör på sig men går aldrig? Tror du att du har lyckats komma till en slutsats, kära läsare? Medan du funderar, har jag nämligen mer att dela med mig i boken. Låt oss fortsätta nedan.

Författare

Jag har växt upp med ett flertal författare i mitt liv. Som barn hade jag nog en önskan att finna något att relatera till. Min allra första författare var en kvinnlig barnboksförfattare. Jag växte upp med hennes röst och berättelser. Böckerna om den stora starka flickan som kunde klara av allt, var mina favoriter. I samband med alla berättelser har jag uppfattningen att det återfinns olika budskap. Som barn kunde jag läsa om de här utan att vara medveten om vad de står för. Det ska helt enkelt vara intressant och roligt att läsa som barn och jag ville ha något som jag kunde le till. Den här författaren och hennes böcker förblev min vägledning genom de här perioderna i livet. Än i dag låter jag mig själv motiveras. Jag fick en uppfattning att de här böckerna inte var en tillgänglighet. Någonstans efter 10 års ålder förstod jag att man kunde göra mer i livet och att allt blir bättre om viljan att göra något bättre existerar i en. Jag har tidigare nämnt att jag började skriva som ung. Jag tror nog att den här författaren och hennes böcker fick mig att släppa in något nytt i livet. Trots olika omständigheter, fanns de här böckerna till mitt förfogande när jag även sökte efter tröst. En sak som jag än i dag bär med mig, är att jag inte har velat falla offer för något. Jag beskrev tidigare att jag som barn ofta hade en önskan om att komma ifrån olika situationer, där osämja levde. Jag tror att jag tog mig igenom de här omständigheterna, för att jag hade tillgång till något som skapade ro för mig. Något som gav mig möjligheten att leva fritt och glatt. Jag kan inte påstå att hennes böcker har fått mig att börja skriva, för jag tror att skriften finner en när det väl är menat. Dock har jag uppfattningen att min motivation till mycket av det jag känner och upplever i dag, har inhämtats genom att de här böckerna fanns till mitt förfogande. Och att författaren ville skapa en mening i livet.

Atleter

Sporten har haft en stor betydelse i mitt liv sedan barnsben. I dag tränar jag nästan regelbundet. Genom åren har jag kunnat bevittna många olika talangers resor. Vinster som motgångar. Tre av de här har haft ett vägledande inflytande i min utveckling. Det handlar inte om huruvida de är världsettor, bästa spelare eller mest framgångsrika, utan det handlar i stället om det som uttrycks i spelandet. De här tre unika atleterna, har för mig förespråkat viljan att använda det mentala på ett högre plan. Jag upplever att mentaliteten som en har i det en lägger energi på, kommer att ge en det utfall som man eftersträvar. När man mottar kritik utifrån, kan man känna att man söker efter någon form av genväg för att komma ur. Något som jag har kunnat förstå genom att följa de här tre atleterna är att det inte finns en genväg, utan en utväg i bemärkelsen att stanna kvar och hantera de här motgångarna, konfrontera och möta dem.

För mig har sporten varit ett sätt att kommunicera på, liksom många andra ämnen i livet. Som gymnast kunde jag hjula och göra volter utan att säga något enstaka ord och människor förstod vad jag gjorde. Mycket har byggt på den inställningen, mentaliteten som kommer med det här. Oavsett om man arbetar eller spelar boll, känner jag att det handlar om att inte förstöra för någon annan. Det här för mig är detsamma som att gottgöra motståndaren. Att inte fälla någon i samma bemärkelse som den människan har fällt en själv, utan att fortsätta att slå ut på planen i stället, är sådant som kan återkopplas till många aspekter i livet. Jag har insett att när man lär sig att leva med en mentalitet där negativa angrepp, tankemönster är uteslutna, har man redan vunnit. Inte enbart mentalt utan även fysiskt. Samtidigt upplever jag att man bör arbeta med sig själv som människa. Oavsett om det berör spelandet ute på planen eller att gå till arbetet, är det inställningen man har i det man väljer att lägga ner energin på.

Jag tror att styrkan är en viktig faktor i den här typen av mentalitet. Jag har lärt känna den. Att disciplinera sig själv, att aldrig ge upp, är att ha ett tankesätt riktat på målet. Jag känner att man alltid bör vara redo att kämpa för att komma dit. När de flesta av oss flyger byter vi i många avseenden destinationer, men när man väl landar så väljer man att göra det bästa av resan. Det är vad jag tror att mycket bör bygga på.

Prinsessor

Som barn var jag förgylld av alla tecknade prinsessfilmer. Jag började rätt så tidigt förstå att en specifik kronprinsessa och en annan prinsessa, hade en stark vilja att fullborda sina uppgifter i verkligheten. I den här världen, i vår värld. Som ung förstod jag inte konceptet av hur mycket fantasi skiljde sig åt från verkligheten, i dag är allt tydligt. Jag har levt med tanken att kunna hjälpa andra, att göra något bättre för dem och även för mig själv. Här utvecklades även tanken på att kunna fungera som en resurs för andra, för vår värld.

Jag upplever att de här två enastående unika individerna har representerat någonting speciellt i den här världen. En outslagen styrka och vilja att finnas där för människor. De har ett specifikt sätt att få kontakt med människor genom att enbart vara som de är. Jag ser det här som en nödvändig faktor för gemenskapens skull. Och upplever att förståelsen och medkänslan för andra, är en förståelse för mänskligheten. Jag tror att det krävs mycket mer än ord för att nå ut, det handlar även om hur man presenterar de här orden. En häpnadsväckande, genuin och oundviklig aura som de här individerna har burit och fortfarande bär på, har fått mig att öppna upp ögonen för mycket mer i den här världen.

Jag tror att känslan av att få vara unik signalerar mycket mer än att enbart vara olik alla andra. För mig är det att göra något bättre för en själv och likaså för andra. På så vis har man möjlighet att förstå att den här auran en bär på, kan vara ett gott tecken på att kommunikationen som förmedlas är uppriktig. Det är tacksamt att kunna finna den här typen av vägledning och veta att man själv kan förespråka det man tror på. Jag upplever att vi alla har uppdrag i livet, att vara prinsessa är minst sagt inte enkelt. Men att vara mänsklig tror jag inte är enklare. Det krävs mycket mer energi än enbart känslor. Att känna med en är en sak, men att hantera det med gärningar är sådant som jag tycker tyder på att vara medmänsklig. Jag tror att en förståelse för omvärlden är en förståelse för en själv. Och förståelsen för en själv kan i den bemärkelsen, leda till att man bättre kan hantera situationer i sin omvärld. Att kunna bemöta människor med en sådan kärlek är även kärleken man har för sig själv. Att kunna förespråka ett bättre nu, känner jag är att vilja leva ett unikt liv framåt. För mig är det här något extraordinärt. Jag lever och trampar på den här jorden. Att vara annorlunda innefattar för mig inte att det viktiga bör vara att kämpa för guldet. Det är nästan som att enbart andas för den dagen. Att vilja kämpa för livet, tror jag kommer att ge en möjligheten att känna sig levande varje dag. Livet för mig är guldet och guldet är livet. Sedan är det upp till var och en vad man väljer att göra av det. För mig handlar det om att skapa en mening i nuläget och framtiden.

Studierektor

Jag har haft möjligheten att lära känna många lärare och professorer genom min skolgång. Den möjligheten fortsätter än i dag. Ingen dag har varit den andra lik, ingen. När jag började att läsa på min i dag avklarade utbildning hade jag redan en del andra ämnen som bakgrund. Jag var rätt så bekant med universitetsvärlden. Man kan dock inte veta allt. Jag har alltid varit för att hjälpa andra. Att kunna ha samma förutsättningar som mig själv under studietiden, till den grad det är möjligt. Min studierektor hade kännedom om att jag skrev relativt mycket, det blev tydligt efter ett tag. Att jag likaså närvarade vid nästan varje tillfälle var känt. Vidare antog jag mig uppdraget att arbeta som antecknare för studenter med funktionsnedsättning, under nästan hela studietiden på den här institutionen. Jag ville bistå med hjälp och underlätta studietiden för de här studenterna. För visst ska det vara möjligt om man så vill. I samband med det här blev jag presenterad för en rad olika uppdrag.

Jag skrev ett examensarbete under inflytande av den långvariga coronapandemin. Det kom som en överraskning, i samband med att mycket stängdes ner i den här tidiga början av utbrottet. Lyckosamt har jag haft ett gott stöd och jag lyckades skriva färdigt hela arbetet självmant. En tydlig bekräftelse på min villighet och styrka kunde jag återse här. Studierektor kunde följa min utveckling. Jag tror att rektorer arbetar hårt, kanske mer än de flesta av oss. Något som har slagit mig är hur mycket tid min studierektor tillägnade oss studenter. Att vara rektor tror jag inte belyser makten i att behöva anta flera uppdrag. I stället har jag kunnat se hur rektorsuppdraget handlar om att vara student själv.

Att anstränga sig oavsett vem man än må vara, tror jag medför att andra också ser ens ljus. Jag upplever inte att det återfinns någon gräns på kunskap eller framgång. Mycket av det som jag har kunnat inhämta från min unika studierektor och tiden på institutionen, kommer att ge mig goda förutsättningar att nå mina mål. Jag är oerhört tacksam för allt och min resa fortsätter.

Spachef

Jag har tidigare benämnt att hudproblem svep överraskande in i mitt liv under tonåren. Som ung kvinna fick jag höra att det här skulle vara fullständigt normalt, att man inte var ensam. Fullständigt? Normalt? I samband med de olika omständigheterna och allt som jag genomgick under de här perioderna hade jag en önskan om att få veta mer. Att vilja veta mer, mer och ännu mer. Sådan har jag nog alltid varit. I hög grad handlade det om att försöka förstå, av vilken orsak kroppen reagerade som den gjorde.

Vid sidan av mina universitetsstudier utbildade jag mig inom hud- och kroppsvård på en skola i Stockholm. Här började min resa med att arbeta med kroppens inre- och yttre funktioner. Allt för att skapa en god balans. Efter det här arbetade jag med en spachef som kunde följa min resa från nästan dag ett. Förståelsen mellan oss två kom relativt naturligt. En stor del av mitt tankemönster i dag, ligger till grund för att jag har haft ett sådant stöd och en sådan vägledning som många drömmer om. Man kanske skulle kunna kalla det här för tur. Något jag är medveten om är dock att jag har varit välsignad. Min dåvarande spachef insåg tidigt att jag ville hjälpa andra att förstå sig på kroppens yttre och inre, på samma sätt som jag kunde hjälpa mig själv att hantera de här problemen.

Det är obeskrivligt med känslan man har, då man får

ett tack av sina kunder. Jag är oerhört tacksam för min tid med min dåvarande spachef och välsignad över att andra gav mig möjligheten att få hjälpa dem framåt.

Ängel från ovan

Jag kan inte påvisa att jag var hälsosam vid en ung ålder. Det var jag inte. Vissa saker kom krypandes inpå, överraskande. Det här förblev min tankeställare. Det var inte förrän min mor en dag påpekade att vi bör besöka läkaren. Jag upplever att livet är överraskande, oförutsägbart. Processer som man genomgår, funderingar som man har. Jag kunde välja att sitta stilla och låta tiden rinna förbi, men det gjorde jag inte. Det existerade inte i min värld. Jag hade svårt att tala om mina omständigheter med andra, förutom med vissa närstående till mig. Tanken baserades på huruvida någon annan skulle förstå. Och om jag överhuvudtaget ville vara öppen med situationen. Jag drog mig tillbaka en hel del, fokus låg på att arbeta med mig själv. Jag behövde tiden för mig själv, med mig själv. Nu i efterhand har jag nog insett att jag inte hade behövt vara så tillbakadragen. Jag ville enbart ta mig ur det här, kämpa mig ut. Den här känslan var inte okänd. Det var inte förrän jag redan hade brottats med vissa omständigheter, när en bild på en ung kvinna dök upp på en av de nyheter som jag brukade läsa i mobiltelefonen. Den här unga kvinnan avled i cancer enbart 33 år gammal. Från att ha blivit utsedd till en av världens mest vackra kvinnor till att ha blivit obotligt sjuk. Jag har som tidigare nämnt alltid haft en kämpaglöd i mig. Trots att jag tyckte att vi var olika som människor, hade vi ändå samma inställning till saker i livet. Och det är just det här som gör det hela unikt. Det var nog menat att jag skulle få kännedom om den här kvinnan, hennes kamp och hela situationen i helhet. I slutändan handlar det för mig om att inte ge upp om livet, utan att fortsätta framåt. Jag tror att man kan uppleva samhörighet trots att man inte känner den andra människan.

Skådespelare

Jag har uppfattningen att vissa kan reagera emotionellt starkt av att titta på filmer. Ibland vill man ha det sagolika avslutet, men upptäcker att det inte alltid så är fallet. Det korsar mina tankar konstant, alla oförutsägbara händelser. Men så är det i livet tror jag, livets händelser. Man kan få en diagnos som talar om för en hur lång tid som kvarstår av ens liv. Ibland känner jag att något kan ske abrupt och man har inte hunnit blinka förrän en ny stjärna finns bland andra i himlen. Jag upplevde en annan typ av konst hos den här skådespelaren. Men också ett ljus som kunde ge många andra ett hopp framåt. Enligt mig har den här skådespelaren på något sätt kunnat förmedla livets mytologi. Jag tror att snabba bilar, farten återspeglar att det kan gå fort i livet och att tiden rinner förbi. Men vid varje stopp kan man hinna skapa en mening som kan förändra livet för en själv eller någon annan.

Jag har nog alltid känt att oavsett om man befinner sig på scen inför flera tusentals människor, eller om man är vid ett välgörenhetsläger, handlar det om det man ger uttryck för just då. Att vilja göra något som gynnar världen oavsett kameror, tror jag ger en den glöd man som person har. För människorna, för livet i sig. Det här är något som jag finner vara ojämförbart med.

Att hylla människor upplever jag som en välsignelse. Specifikt i den mån de här individerna ger oss andra något att motiveras av. Det här är ett bevis på att de här individerna har gjort ett intryck i mitt liv.

Budskap och lärdom

Det kan finnas olika meddelanden, upplever jag, som man stöter på i livet. Platser som man ser och människor som man träffar. Och visst lär man sig på vägen, kära läsare. Jag tror att man kan lära sig massor. Att lära sig dansa, sjunga, kommunicera, skriva, kreera, lyssna, leva. Ja, listan är lång.

Jag har lärt mig en hel del av de processer som jag har genomgått i livet. Vissa där dörrar har stängts igen och andra där dörrar har öppnat upp för nya vyer. Nya vyer som också skapar mening för något mycket större.

Begränsningar, rädsla, val och att aldrig ge upp

Jag har bildat tankeställningen att inte låta hinder vara anledningen till att man tycker synd om sig själv, oavsett vad man än genomgår. Har du någonsin som ett barn fallit ner och skadat dig själv, för att du inte lyckades se den lilla stenen på marken medan du sprang? För mig är det här nästan detsamma. Man reser sig upp, borstar av sig själv, hanterar sin motgång och går vidare. Nästa gång kommer en ny väg att dyka upp, slät och utan några stenar, som får en att bli förbluffad över hur fort man lyckades ta sig fram till mållinjen. Likaså upplever jag att situationer som man genomgår kan få en att förlora fokus och glömma bort det som är viktigt för en själv. Min uppfattning grundar sig i att det inte återfinns en framtid där hat existerar. Till stor del handlar det om att man i den bemärkelsen lever i en bubbla som aldrig kommer att spricka, om man inte väljer att spräcka den bubblan. Då kommer man inte ut. Jag tror inte att det handlar om att världen sitter fast, utan att en själv gör det. Enbart en själv har möjlighet att förändra allt det här. Man har möjligheten att skapa i den här världen. Och det tycker jag att man bör utnyttja. Så väljer jag att se på det. En annan sak är om någon skulle göra en illa på vägen, eller att man upplever sig vara illa behandlad, då bör man inte göra samma sak tillbaka. Jag har nog alltid känt att om man hämnas på någon, hämnas man egentligen på sig själv.

Någonting annat som har korsat mina tankar är att man har en tendens att vara rädd för att kliva ur sin bekväma cirkel. Jag upplever att människor kan tycka att det är viktigt var man kommer ifrån. Det viktiga tror jag är vem man är som människa. Och jag upplever att alla människor är välsignade med en inre styrka, som talar för att kunna få saker att hända. Inte enbart för en själv men också för hela världen. Jag tycker inte att man bör tvivla på sin egen förmåga. Tror man på sig själv så återfinns inte gränser på hur långt man kan nå. Man skapar själv och med gränslösa tankar tror jag att man kan skapa sitt eget imperium.

Vad är det centrala man fokuserar på när man förlorar fokus? Enligt min uppfattning är det besvikelser. Det är därför man bör ändra på sitt perspektiv. Jag gjorde det. Jag brukade tänka på resultatet. Jag var ständigt orolig. Men lämna det. Jag väljer i stället att tänka på det här viset. Om man tror på sig själv och fokuserar på det som är viktigt och framför en just nu, kommer man att ändra på sitt perspektiv för att få det bästa utfallet av situationen. Man bör inte oroa sig för mycket över resultatet. Vägen fram och den vilja som man har i att fullborda något, kommer att leda en in på det önskvärda målet. Med andra ord tror jag att man kommer att klara sig, oavsett.

Jag upplever inte att saker i livet är svåra om man inte väljer att göra det svårt för sig själv. Jag tror aldrig att Gud skulle överbelasta människor med uppdrag eller situationer. När det blir svårt, när man känner för att gråta, bör man gråta. Ibland kan det räcka med att gråta och inte känna. Jag tycker att man bör göra det helt enkelt. Det brukar jag göra. På något sätt känner jag att det blir enklare för mig att andas in och ut. För jag tror inte att smärtan kan försvinna, den kan komma tillbaka när som helst. Varför känner jag så här? Det är något som jag har fått uppleva i olika situationer. Jag tror att alla människor behöver låta sina tårar falla. Om man låter tårarna stanna kvar inombords, kanske man nästa gång inte kan ta sig vidare från smärtan. Att släppa det hela handlar för mig om att gå framåt.

Jag har uppfattningen att livet handlar om prestationer och misslyckanden. När man misslyckas, innefattar det inte att man inte har lyckats. Det hela för mig innebär enbart att jag bör försöka lite hårdare. Jag har fallit flera gånger och rest mig upp. För det är endast begränsningar som jag tror att man kan ta sig runt. Jag ser inte bortförklaringar som genvägar för att undkomma något. Ska jag vara helt ärlig tror jag att man sätter sig i mer knipa. Att stanna hemma för att man inte orkar gå på mötet, finns inte i min ordlista. Gå, fungerar det inte så åk hem. Men i sådana fall vet man att man har gjort sitt bästa. Att inte försöka upplever jag kommer leda till att man begränsar sig själv, då vet man aldrig hur mycket som man egentligen klarar av.

Jag har nog aldrig känt, att behöva be om ursäkt ska vara svårt. Även om man vet att någon hade fel och att man själv inte behöver be om ursäkt. Jag känner att det kan vara bra att göra det för sin egen skull. På så vis får man möjlighet att läka och frigöra sig själv.

Vid olika tillfällen har jag funderat på vad livet skulle vara utan grus och branta vägar. Enligt mig är det en vanlig slät väg och inget att kämpa för. Jag tror att det är en del av livsprocessen, att stöta på motstånd. Endast då upplever jag att man kommer att veta hur villig man är att ta sig fram till sitt mål.

Jag skulle nog säga att det är en hård och oförutsägbar värld där ute. Jag tror att man behöver utmana sig själv ännu mer. Specifikt som kvinna. Jag känner att en hel del fokus ligger i dag på huruvida man vågar ta initiativ eller inte. Ibland tror jag att det kan kännas obekvämt att behöva handskas med vissa situationer. Jag upplever att en hel del bygger på att man ska våga tro mer på sig själv och utmana det obekväma som man ställs inför. Jag har uppfattningen, att vara utmanande i livet, innebär att man tittar i periferin och inte har ett tunnelseende. Man är ifrågasättande och uppdaterad, men i en positiv bemärkelse. Man väljer därmed att utmana saker i livet och inte blunda för något. Endast då känner jag, att man kan veta hur villig man är och hur långt man kan gå för att nå hela vägen fram. Att uppmuntra mig själv i olika situationer har inneburit att utmana det som jag har funnit vara jobbigt och obekvämt. På så vis tror jag att man kanske inte enbart lyckas med att utmana sig själv, men andra väljer också att ta det här initiativet.

Oavsett hur många nej som jag har fått i livet, har jag alltid fortsatt att kämpa vidare. Jag tror att man aldrig bör ge upp. Exempelvis tror jag inte att en soldat ger sig ut i krig, för att ställa sig framför fienden obeväpnad och bli nedskjuten. Utan jag upplever att en soldat ger sig ut i krig, för att försvara sitt land och sig själv. Med det sagt, oavsett vilka hinder och motstånd som man stöter på i livet, tycker jag att man aldrig bör ge upp.

Jag tror att om man motiveras att vilja fullborda eller lösa någonting, då lär man ta saker i akt. Om man i stället har en rädsla för något, kan det här leda till att man i hög grad utesluter den tanken att vilja gå framåt med frågan. Sedan återfinns det undantag, där man väljer att övervinna sin rädsla oavsett vad det än gäller. Jag upplever att det mest viktiga är att det finns en balans och att man inte behöver utesluta allt. Jag tror att saker kan lösas trots hinder. Att ge ut en bok kan kännas nervöst eller osäkert. Men lyckas man övervinna det här, då har man kommit en bra bit på vägen.

Jag känner att rädsla har haft en tendens att blockera mitt sanna ljus. Rädsla för att inte klara det, rädsla för att förlora utan att ens ha försökt och övergripande rädsla för omständigheterna. Jag väljer dock att gå med självförtroende och kommunicerar med självförtroende för att jag tror på mitt sanna ljus. Jag vet att det var menat att jag skulle skriva den här boken av en viss anledning. Inte enbart för att vinna och växa, nå ut och hylla andra, men också för att möta mina egna rädslor vilka de nu än må vara. För mig är rädsla sex bokstäver. Tillsammans bildar dem ett ord som i slutändan endast är ett litet hinder på vägen. Jag upplever att min mening på den här jorden är mycket mer än så. Jag kommer alltid att gå med mitt sanna ljus oavsett hur mörkt det än blir. Jag tror på Gud, som har hjälpt mig och visat mig vägen att gå. Samtidigt har jag uppfattningen att begränsningar och rädsla kan vara nyttiga. Det här är något som jag väljer att bygga mina tankar kring.

Jag har alltid känt att när en konflikt drabbar oss, handlar det inte om vad som har drabbat oss, utan hur man väljer att ta sig ur den konflikten. Antingen går man framåt eller förblir stillastående. Jag har lärt mig att gå framåt oavsett hur tufft det än må bli. Även när det blir så tufft och vinden blåser hårt. Då brukar jag tänka att man kan ta tag i den närmaste stolpen och hålla i. När vinden sedan avtar, kommer man att känna att man klarade det och att man äntligen kan släppa taget nu.

Kunskap, val och viljan att lära mer

Jag skulle nog säga att jag har kunskapen om mycket, men jag vill alltid lära mig ännu mer. Har man den här inställningen, då tror jag att man kommer att fortsätta att utvecklas och alltid lyckas.

Kvalifikationer för mig är nästan detsamma som att fylla på bilen med bensin, man fyller på konstant. När man har en viss kvalifikation och har kommit till den sträcka där man behöver något nytt. Ja, då fyller man på med något nytt som fortsätter att driva en framåt. Jag tycker att en del av utbildningsprocessen, kunskapsprocessen återfinns i den kategorin. Diplom för mig är därmed en bekräftelse på ens lärdom, kunskap, utveckling och mål. Det upplever jag fortsätter så länge vi finns på den här jorden. Det tar inte slut där. Diplom tycker jag förklarar vad man har åstadkommit, men inte vad man kommer att och ska åstadkomma. Jag anser inte att vägen är sluten, utan den är lång och har många spår. I slutändan tror jag att det handlar om att man väljer sitt eget.

Kommunikation är en viktig faktor för mig. Jag har alltid sett på kommunikation som något som finns i en och utanför en själv. Den här kommunikationen, tror jag, förblir en dag en påminnelse av ens förmåga och kapacitet i världen. Diplom skulle kunna vara ett fullbordat mål, men jag ser det inte som en fullbordad kunskap. Det tar inte slut där, utan det är enbart en början. När man tänker på kommunikation, kunskap eller att nå ut, upplever jag att man får man tänka A-Ö. För att komma till Ö får man klättra vid de här trappstegen. Jag ser det som att alla de andra bokstäverna bör finnas på plats, för att man ska få sitt alfabet. Jag tror inte att kunskap är ett i dag eller ett i morgon. För mig är det i en konstant rörelse.

I det stora hela vill jag alltid bli bättre än vad jag redan är, därför väljer jag att prestera på maximum. Det här ger mig mitt goda resultat. Samtidigt drivs jag av evigt lärande, vilket jag upplever får kunskapen att gå runt och röra på sig.

Förändringar i livet, val och att kreera

Förändring tror jag kan, i samband med olika upplevelser, få en att känna att man förlorar kontrollen. Jag ser det hela som att fåglar använder sina vingar, för att ta sig från en destination till en annan. För att man som människa ska kunna utforska världen, upplever jag att man bör sträcka ut sina egna vingar och vara öppna för att resa. Endast då kan man se vilka fantastiska saker världen har att erbjuda. Jag känner att man bör kunna vara öppna för och acceptera förändring. Oavsett om det berör en kortsiktig eller långsiktig förändring, är det enbart då man som individ kan växa. Det tycker jag ligger i linje med att alla har fria vingar, våra egna val och vägar i livet. Och jag tror att man i slutändan själv beslutar om vad man väljer att göra. Enligt min uppfattning är det här ett sätt att visa att trots förändring, kritik och att alla förmodligen inte kommer att tycka om alla, bör ens mål alltid ligga i att fortsätta att skapa. Jag tycker att man bör fortsätta att skapa för på så sätt gör man något värdefullt. Man motiverar sig själv och andra att följa den här vägen. Att fortsätta att skapa, upplever jag ger en mer mark att stå på och mer att erbjuda världen.

Jag tycker inte att man kan forcera någon annan att vara något som den människan inte är. På så vis skulle man kunna säga att man forcerar sig själv att vara något som man inte är. Jag har flera gånger känt att det finns en uppfattning kring hurdan jag förväntas att vara. Mina tankar och känslor grundar sig i att alla väljer sin egen väg i livet och man bör alltid följa sin.

Människor kommer att ha åsikter konstant, det är något som jag har fått uppleva. Jag tror att man bör försöka att göra sin egen åsikt till sitt eget val och det mest viktiga valet på vart man vill gå i livet och vad man vill göra. Jag upplever att jag alltid är min egen skapare när det berör punkter som val i livet. Om jag till förmodan skulle bekymra mig över andra människors åsikter, hade jag nog inte skrivit den här boken. Det jag väljer att göra är att vara mig själv. Och jag kan tala om för dig kära läsare, att jag älskar det. För mig är det är en av de största prestationerna en person kan ha. Jag känner inte att man är här för att nedgradera sig själv eller någon annan, utan för att uppgradera sig själv och andra. Tror man att man själv klarar det? Jag tror på att varje människa kan göra det.

I samband med val i livet har jag alltid försökt att fokusera på att se framgång som något unikt. Att jaga efter pengar, upplever jag inte kommer att leda till framgång. Att göra det man är menad att göra, tror jag däremot kommer att göra det. För mig är pengar enbart ett verktyg. Jag upplever inte att framgång handlar om att söka efter pengar, framgång för mig handlar om var man kan nå ut som mest. Det är en sak när man har alternativ, för då känner jag att man har möjligheten att välja. Men när man har valet framför sig, det är då man skulle kunna säga, välkomna ut till min balkong.

Jag upplever att människor har en tendens att tala om framgång på ett specifikt sätt. När människor talar om framgång brukar de referera till pengar. Enligt mig kan framgång innebära att man har det i karriären, kärleken, familjen och så vidare. Om man ser det på det här viset, är det nämligen ett mål som man vill uppnå. Och sedan undrar jag, kallar man sig själv för framgångsrik efter det här? Jag upplever att det egentligen är mycket mer än så. Att vara framgångsrik innefattar inte att sträva efter ett mål och fullborda det. Att vara framgångsrik, tycker jag, innebär att man har strävat efter målet och fullbordat det genom att ha varit sann mot sig själv. På så vis får man en full cirkel. Det är så jag upplever det. Att vara framgångsrik handlar för mig om, att kunna ställa upp det som har en betydelsefull mening för en på samtliga fingrar och slå samman dem i handen. För mig är det här nästan som att skaka handen med någon annan eller att knyta näven som hjärtat. Enligt mig är våra fingrar olika vägar i livet, därav återfinns många alternativ. När man kommer fram till valet, är det oftast det här valet som man väljer att behålla. På så vis är man framgångsrik och får sin fulla cirkel. Att vara framgångsrik, känner jag, handlar om att dela med sig, visa och leda andra framåt. Utöver det tror jag att man behöver kunna uppskatta och vårda sin framgång samt ha ansvar för den. Och även hjälpa andra att göra detsamma med sin framgång.

Jag gjorde inte pengar till mitt mål, utan jag gjorde pengarna till mina uppnådda prestationer och belöningar. Jag tror att mitt uppdrag är att få saker att spela roll. Med den här inställningen känner jag att jag kan få all den framgång jag själv vill. Jag upplever inte att det handlar om hur man får priset, utan om hur man får det här priset, saker att hända. När man ändrar på sitt perspektiv, ser man att det inte handlar om att jaga efter pengar eller att jaga efter något överhuvudtaget som kommer att leda till framgång. Jag tror att det är vägen och processen upp dit som kommer att leda en till framgång. Det man har lärt sig på vägen och vad man fick att hända. När man sedan kan knyta sin näve som hjärtat, då har man sin fulla cirkel. Jag väljer och kan nog beskriva mig själv som framgångsrik. Jag tror att pengar kan ge en glädje för stunden, men det kommer inte att leda en i att vara lycklig. Som jag redan har påpekat, är pengar för mig enbart verktyg.

Jag tror att det viktiga som leder till framgång är att inte vara girig och likaså ska man inte utveckla någon girighet efter sin framgång. Jag tycker att man ska bevara sitt naturliga jag. Att inte sväva för mycket på molnen, men att flyga en aning. Med det innefattar att man sträcker på sina vingar oavsett vad, trots den framgång som man har uppnått och öppnar upp för kommande destinationer. Jag ser det som att man bör ha fötterna på jorden och vara jordnära som människa.

Att sätta foten i ett annat land, upplever jag är detsamma som att kliva in i någon annans hem. Man välkomnas av dess traditioner och anpassar sig utefter deras normer och regler. Jag har respekt för alla religioner. Som människor tror jag att vi har olika värderingar och normer. Jag tycker att man bör vara fri att välja hurdant man vill handla och vad man vill följa. För mig har alltid respekten för människan kommit i första hand. När jag ser på fåglar, ser jag dem flyga med fria vingar. Därav tror jag att man bör använda sina egna vingar och välja sin egen väg i livet.

Vidare upplever jag att människor i vissa avseenden gör val som inte beror på dem. Och ibland väljer man att inte göra ett val för att det är enklare så. Man kan dessutom känna att man gärna skulle vilja ha ett val för att kunna fatta ett beslut. Jag tror nog att det är önskvärt att ha val och vad man sedan väljer att göra med det valet är ens eget beslut. När man väljer en väg i livet, tycker jag att man bör välja den väg där man kan vara sann mot sig själv. Jag upplever att man är här för processen och att man inte ska döma andra människor. När man konverterar från en religion till en annan, känner jag att det är baserat på ett val. Och det bör alltid vara ens eget val och inte andras. När man väljer en väg, tycker jag likaså att det bör vara ens egen väg och inte andras. Ett val för mig innebär att antingen ta ett steg framåt eller ett steg bakåt. Och jag tycker att det är upp till mig själv att bestämma, vilket steg jag sedan väljer att ta.

Många gånger har jag känt att man som människa har en tendens att ta det man kan. Men när man väl har fått det man vill, vet man i vissa situationer inte hur man ska bevara det. I livet skulle jag nog säga att man är en handlingsmänniska. Men när man väl uppnår ett mål, handlar det enligt mig om att även kunna bevara det man har.

Ibland kan jag känna att jag gör en del jämförelser med olika aspekter i livet. Att köra en bil, tycker jag, innefattar mer än att enbart hålla händerna på ratten och svänga fram och tillbaka. Att köra en bil, innebär för mig att hålla ögonen öppna för allt som kan tänkas komma ens väg. Samma inställning känner jag, att man bör ha gentemot världen. När man ger sig ut i det okända, bör man alltid tänka att allt inte kommer att vara detsamma som dagen innan. Det här tror jag är en del av livet, att inte veta eller vara säker på vad nästa dag kommer att bringa.

Jag upplever att om man är en ädel, osjälvisk människa, kommer man att känna igen sanningen. Om man är uppriktig, kommer man att veta vilken väg man bör följa. På alla sätt och vis, känner jag att det återfinns ett val och olika vägar. Vad man själv väljer i livet och hur man handlar utefter det, tror jag är något som enbart man själv kan besluta om.

Ett viktigt val i livet, känner jag är att inte glömma bort sin hälsa. Det är något som jag har fått lära mig av de förändringar som jag har genomgått. Glömmer man bort sin hälsa så handlar det, enligt mig, om att man glömmer bort sig själv. För att kunna överleva i den här världen, känner jag att det inte ens ska vara ett alternativ.

Min egen produkt, val och uppdrag finner dig

Jag tycker att man bör tro på sin egen produkt, bok och främst av allt på sig själv för att kunna klara det. Kom alltid ihåg en sak. Jag upplever att det är ens egen kreation och man är produkten som presenteras på pappret. För att man ska kunna få tag på min bok, tycker jag att man behöver mig och mitt skrivande.

Varje nytt mål, upplever jag, är som att ta ett nytt trappsteg upp mot mållinjen. Varje kritik ska fungera som bevis att trappsteg nedåt inte ska finnas i ens vokabulär. Jag tror att det handlar om att vara stark i sig själv, för att kunna ta sig upp för de här trappstegen. Men främst av allt tror jag att det handlar om huruvida man tror på sig själv. Och även den inställningen man bär på i mån om att fullborda något, gå framåt. För mig är det här detsamma som att vara mån att skjuta bollen framåt mot målet och inte bakåt.

Jag tycker att man är produkten och att man bör investera i sig själv för att likaså få någon vinst utav det hela. Jag upplever att man skapar sin egen kommunikation, det är ens egen konst som man själv förmedlar till världen. Det som man förmedlar är vad världen får ta del av. Jag tror att det är så man skapar en mening och lyckas. En gemensam vision för mig, handlar därför om vad man kan tillföra och göra för sin läsare, den andra människan. Och inte vad man är bra på när det gäller vad man vill producera och presentera för världen. Jag har alltid känt att det i slutändan handlar om vad som skapar ett gemensamt värde som räknas.

En stor del av mitt liv har bestått av att kommunicera med människor. I samband med det även kunna lösa problem och underlätta situationer för andra. Kommunikationen är nog inte min starka sida utan snarare min ledande sida. Jag tror att en hel del bygger på hur man själv leder sin väg i livet. Så har jag alltid känt. Att man har uppdrag som man ska fullborda. Det viktiga tror jag, är att ta uppdraget i akt och leda det in i den riktning som är menad. Jag tror inte att man finner sitt uppdrag, utan att uppdraget finner dig. I kommunikationen har jag förstått att jag var menad att skriva den här boken för att kunna kommunicera utåt. På det här viset fann mitt uppdrag mig och i dag är det ledaren i mig som skriver och talar.

Jag upplever inte att man bör göra saker enbart för att kunna säga att man har gjort dem. Jag tror inte att man bör gifta sig om det handlar om att få det överstökat. Man bör inte bilda en familj bara för att. Jag tycker att man bör göra det för att det finns en mening med det hela. Anledning till att hjärtat talar om för en att det känns rätt. Man väljer exempelvis, tror jag, att adoptera för meningens skull. Jag tycker att människor väljer att göra något fantastiskt. För mig handlar det om rollen bakom själva handlingen. Det är ens sanna önskningar. När man väl fattar valet är det gjort ur de här ändamålen. Saker är menade att hända inte för att, utan för meningens skull. Det är vad jag väljer att tro. Jag känner att man bör göra saker för att hjärtat vill det och för att det har en mening.

Vidare upplever jag att alla har mål i livet. För mig är det som att flyga ett flygplan, varje gång man lyfter bör man ha i åtanke att man ska landa planet. Var det sker är ens egen destination, den väljer man själv. Som ovan benämnt känner jag att uppdrag finner dig, dem letar man inte efter. Men sedan tror jag att ens fria vilja, är den som ger en möjligheten att välja om man vill fullborda uppgiften eller inte. I det stora hela tycker jag att det är min egen uppgift att slutföra mitt eget uppdrag.

Författarskap och böcker

Läsande och skrivande för mig är friheten i sig. Jag känner att jag har friheten att reflektera, tolka och kommentera. Men jag upplever att det främst av allt är friheten och en plattform att kunna skapa något eget. Enligt mig är det här är en viktig del av vår vokabulära och personliga utveckling. Läsande och skrivande är för mig att skapa mening för en själv och andra. Jag känner att jag då kan låta mig själv motiveras för att själv kunna motivera. Att jag låter mig själv vägledas för att själv kunna vägleda. Jag ser mitt eget skrivande som de frön jag strödde ut i jorden för rätt så länge sedan. Att gå tillbaka till sina rötter, just så känns det. De här rötterna behöver vatten och nu är jag tillbaka på det som jag en gång påbörjade. Jag ser på böcker som meddelande, som inte behöver innebära enbart en sak.

Jag tycker att böcker för samman människor. Miljontals kan läsa en och samma bok och reflektera kring ett och samma ämne. Det här känner jag är gemenskap, det är biljetten till en bättre värld utan krig. Man kan vara, man kan sprida sina vingar och flyga och man kan sjunga. För stora som för små, tycker jag inte att det handlar om att separera på något i världen. Det handlar i stället om att förena människor, där någon kan göra något obeskrivligt meningsfullt för mig och jag kan göra det för någon.

Jag upplever att det är utmanande att skriva i dag, att vara författare i dag. Det handlar inte om någon svårighetsgrad eller konkurrens i min mening, utan snarare att man bör kunna känna igen sig själv i sitt författande. Det tror jag kommer att göra att man antingen framåtskrider eller det motsatta. Jag känner att det här är något som kommer att ge mig min egen prägel och min egen signatur i böckerna. Hos andra människor och i världen.

Vad gäller böcker i helhet har jag alltid haft inställningen att man inte ska döma en bok utefter det första man läser, utan fortsätta att läsa. Jag tycker att ett första kapitel är en inblick i början på en persons presentation. Man börjar väl alltid någonstans kan jag tycka. När man ser en bok för första gången känner jag att man reagerar på utseendet, nästan på samma sätt som när man möter människor första gången och det första intryck som man får. Men jag känner inte att man kan veta något om man inte fortsätter att läsa. För när man minst anar det, då kan just den boken vara den som hamnar på ens topplista. Man är väldigt snabb när man bedömer, men en bedömning ser jag som en analys och därmed krävs det tid. Jag upplever att det finns en anledning till att man läser böcker, de är inte utformade för att analyseras i ett svep utan det handlar om att kunna komma till slutet.

Under min tid som antecknare kunde jag förmedla det budskap som förmedlades till mig, i samband med att underlätta för andra att förstå samma sak. Jag tycker att budskap innefattar alla möjliga kategorier. För mig har det alltid handlat om att kunna motta vägledning och att också kunna ge vägledning. Jag känner att böcker och skriften är en explicit användning men också en självtjänande, i form av att jag själv tjänar på att göra det jag gör för någon annan. Jag upplever att det är en gynnande process för alla parter när det utförs på den önskvärda nivån. En ömsesidig relation i den grad man är villig att ställa upp och anstränga sig en aning ytterligare. Kommunikationen i form av böcker, skrift och läsande känner jag är en väg ut. Men det är också en väg in på alla möjliga plan.

Jag ser inte på böcker som en åtgärd. Jag upplever att det är ett redskap som används för en själv, för andra och för oss tillsammans att nå ut och kunna vidta åtgärder som behövs. Jag har alltid känt att det är så jag kan nå ut till läsarna, publiken. Men samtidigt handlar det om att själv förstå vad man är ute efter. När man skriver ner saker, tycker jag att det blir en tankeställare för en själv. På det här viset har jag kunnat tala om för mig själv vad jag anser är viktigt, var mitt fokus ska ligga och vilken mening och betydelse det har. Och främst av allt tror jag, att det handlar om hur en själv, alla tillsammans kan bli bättre och vad man vill förmedla med sina böcker.

Jag tror inte att böcker handlar om hur mycket man presenterar för världen, utan vad man presenterar. De meddelanden och budskap som når människor, känner jag kommer att vara den ledande punkten på vilket intryck man lämnade. Det tycker jag i slutändan är ens egen väg till framgång och erkännande av världen.

Jag upplever och ser på böcker som en station med olika spår som leder i olika riktningar. Det återfinns olika kapitel och genrer men med samma mål, att nå ut med budskap, kommunikationen som behövs. Jag tycker att det nästan är som ett tåg, det kör en till ens mål och det är precis det som sker med böcker. Man skriver för att komma i mål. Jag känner att man bör tro på sitt budskap, endast då är man oövervinnerlig. Om man vill att något ska gå i uppfyllelse, upplever jag att man bör leva det, känna det och berätta det. På så vis är ens sinne inställt på seger och inget annat är ett alternativ.

Att vara författare för mig är inte att vara, det är att leva. Att känna, att andas in och ut. Jag ser allt som en process i livet, likaså författarskap. Dag in och dag ut i all evighet.

Att leva genom böcker är för mig ett sätt att leva genom mig själv.

De som vägleder

Jag tycker att det är en sak att känna igen någons namn, men det är en annan sak att veta det. I det avseendet känner jag, att man ger namnet ett erkännande. De här individerna som har gjort ett intryck i mitt liv, är mitt erkännande. För mig är tiden dyrbar. Varje dag, känner jag, att de tar sig tiden att förmedla och lära ut sådant som de själva har lärt av någon annan. Jag har lärt mig av dem. Deras kunskap, sätt att planera på och sätt att kommunicera på genom att bidra. Deras sätt att leva och göra saker på. På så vis kommer de alltid att vara namn som jag kommer att ha i mitt minne. Namn som jag ger mitt erkännande till. De kommer alltid att vara värda min tid. Ett ord från en individ, upplever jag, är just ett ord från den specifika individen och det sker en gång i livet. Du må känna till ett namn, det existerar, men när du tilldelar det här namnet ett erkännande kommer det att dyka upp medvetet. På så vis känner jag att det helt enkelt lever på sitt eget sätt genom erkännandet.

För mig handlar det om hur man närmar sig livet. Från den här dagen och varje dag framöver. Jag upplever att många människor genomgår svåra situationer, men de lyckas ändå att vara starka och ta sig igenom det. Vissa går bort och lämnar stora arv bakom sig. De närmar sig livet med en stor optimism, trots att de kanske genomgår livets sista utmaning. Men vad de lämnar bakom sig, känner jag, är kunskapen om att alltid vara den man är. Att fortsätta framåt och att vara sann gentemot sig själv oavsett vad man än genomgår i livet.

Jag har aldrig sett på andra människors framgång som ett hot eller en rädsla. Jag har alltid haft uppfattningen att det bör förstås som en öppen väg i att motivera sig själv att gå i rätt riktning. Det är så jag väljer att leva mitt liv.

Att lära av processer

Som du ser, kära läsare, har jag många tankar. Exempelvis känner jag att inte finns en mening med att välja strider, när man kan välja resurser för att få saker att hända och skapa en mening i livet. Jag undrar om man bör välja att göra det komplicerat när man kan välja resurser för att lyckas, för att skapa mening och underlätta processen till målet. Man tror att man kan klara det mesta på egen hand, jag har vid flertal tillfällen känt så. Men oftast tror jag att det är viktigt att ha en hjälpande hand som hälsar en välkommen.

Jag upplever att allt man väljer att göra i livet har ett syfte och en mening. Allt som man väljer att leda i livet har en vägledning och en känsla. Jag tror att det finns en mening med att vi är olika som människor. Någonstans känner jag att det beror på att vi dras åt olika håll. Exempelvis har man olika färger, attityder och sätt att kommunicera på. Jag är stolt över att vara annorlunda, för det är vad jag tycker gör mig unik. Jag väljer att vara mig själv.

Jag tror att människor ofta lider när de lär sig av sina misstag. Men det mest viktiga är just att lära sig av sitt misstag, av processen för att undvika att behöva repetera. Jag upplever att det återfinns en anledning till att man som barn börjar i första klass och arbetar sig sakta uppåt. Man lär sig, klarar sitt test och fortsätter framåt. Jag tror inte att någon skulle vilja börja om på nytt i första klass efter att ha avslutat nionde. Jag vill helst inte repetera. Jag började faktiskt se på det som att lära av processen från erfarenheten och inte av misstaget. För att man ska kunna fortsätta framåt, känner jag att det krävs att man ska vilja gå vidare. Oavsett den situation eller det misstag som man känner inte behandlade en väl. Som människa tror jag att man har sin egen makt att bestämma huruvida man väljer att stå kvar eller gå vidare. Jag väljer att fortsätta framåt.

Jag är här för processen skull. Jag är här för att utmana, argumentera, diskutera, förbättra och skapa en mening. Jag är inte här för att döma. Jag upplever att livet bygger på att kunna göra misstag, men att likaså kunna lära av processen. Varje nytt steg framåt är ett nytt steg i en ny riktning. För mig är misstag en händelse och erfarenhet är en process. Därav tycker jag att man ska lära sig av processen av erfarenheten och inte av misstaget. För misstaget, känner jag, är oftast en handling och i det stora hela finns det en röd tråd. Jag upplever att man bör klura ut vad det är, för att förstå hur man ska gå vidare på nya banor. Därför tycker jag att det hela tyder på att processen ligger till grund för att förstå sammanhanget. För ofta kan det dyka upp nya läxor med liknande handlingar som kan vara ett bevis på att man inte har förstått föregående. Jag tycker inte att man ska upprepa, utan i stället bör man dra sig tillbaka från negativa erfarenheter och beslut och fortsätta framåt. Jag väljer att lära mig av processen och det utfall som den gav mig.

Att ha ett tankesätt som återkopplas till att vara grym, skada andra människor och göra livet surt för dem när de gör oss illa, upplever jag inte kommer att leda oss någonstans. I stället väljer jag att se och fokusera på den möjligheten jag själv har i livet, att lära av processen från den erfarenheten och skapa ett bättre liv för mig själv.

Jag har nog alltid sett på misstag på ett specifikt sätt. Jag tror att man gör misstag så att man kan lära av dem och handla bättre framöver. Jag har gjort misstag, vem har inte det? För mig är det en del av livet, det är en process. Jag upplever att det mest viktiga är att lära av sina misstag och att inte upprepa samma mönster. Jag tror att allt som man genomgår är ett sätt för en själv att växa. Och vad som definierar mig, kära läsare, är något som jag upplever att enbart jag själv kan kreera. Detsamma avser vägar i livet. När man väl har lärt känna en väg, känner jag att man kommer att vilja lära känna en ny.

Oavsett vilka svårigheter som man genomgår i livet, tycker jag att man alltid bör försöka att vara mer än det man redan är. För mig är livet oförutsägbart, det har det alltid varit. Jag tror att enbart Gud vet vad som komma skall. I slutändan känner jag att det är upp till en själv att bevisa, att man har lärt sig av sitt test på den här jorden. Jag upplever att det krävs engagemang och ansträngning för att lyckas. Men det krävs även förtroende i att göra så. Man bör tro på sig själv och på processen som ligger framför en. Jag tycker inte att man bör sträva efter att bli en stjärna, utan sträva efter att bli den stjärnan. I mitt fall har jag sett till att hamna just där. Jag vill kunna vara lycklig. Med det sagt, har jag släppt taget om all negativitet och välkomnat det positiva i livet.

Jag har nog lärt mig att tänka att det förflutna inte återfinns i min framtid. Det finns en anledning till det. Genom att fortsätta framåt i livet, har jag gett mig själv möjligheten att läka.

Jag har träffat många människor i mitt liv. Vissa har lämnat spår, andra någorlunda och vissa inga alls. Jag upplever att det är en del av livet, människor kommer och går. Vissa stannar för livet, andra lämnar något avtryck och vissa försvinner fort. Dessutom känner jag att det också är en del av vår livsprocess, att lära av människor samtidigt som man lär av sig själv. Finns det någon logik i varför? Möjligtvis inte. Men för att ha förståelse för varför vissa stannar och andra inte, tror jag bygger på att se det hela som en läxa. Jag upplever att alla finns här av en viss anledning och därav handlar det om att bemöta situationer och människor med ett öppet sinne. I morgon behöver man inte ställa frågan, varför skedde vissa saker och inte andra? Ibland känner jag att det är så, att saker och ting sker av någon specifik anledning.

I vissa avseenden kan jag tycka att rättvisan är orättvis och att situationer är oförutsägbara. Konsekvenser kan uppstå trots rättvisan som man får. Jag tror inte att Gud tillförser en med en genväg, för att man enklare ska kunna avhjälpa någon. Utan för att man ska kunna hjälpa någon. Därav tycker jag att man alltid bör uppskatta en sådan välsignelse och kraft. För mig är rättvisan ens egen då man har möjligheten att hjälpa en annan.

Många människor som känner mig sedan tidigare, kan komma att undra vad som egentligen har skett. Jo, jag kan enbart tala om för er att livet har hänt. Det är det mest konkreta uttryck som jag kan ge er. Och det fortsätter att hända. Jag känner att det är en lång väg kvar. Men det underbara är att genom alla omständigheter, kommer jag att lära mig själv mycket mer än det jag har vetat sedan tidigare.

Jag tycker att man bör lära sig av processen som har tagit en till målet. Hur många timmar arbetade man? Fanns det några sömnlösa nätter? Grät man något? Log man något? För mig är erfarenheten en sak, men att komma till den här erfarenheten gör man genom processen. Det är just den här processen som jag upplever är kärnan till lärdomen. Och låt säga att man vill ha tillbaka en läxa i livet. Det tror jag att man kan få om man inte har blivit godkänd eller lärt sig av den läxan. Men låt säga att man blir godkänd på ett prov och lär sig av det här provet, skriver man ett omprov då? Jag skulle inte vilja göra det. Jag har försökt att lära mig av läxor i livet, för att kunna göra saker till det bättre.

Att vara modig, känner jag, innefattar att vara beredd på att hantera alla svåra situationer som finns framför en. Och att inte gå därifrån. Jag tror att man kommer att behöva upprepa läxor om man väljer att fly och dra sig ur de här situationerna. Jag bär därför på inställningen att svårigheter är sådana som man bör kunna möta och hantera, dem ska man inte fly ifrån. Att inte fly har också hjälpt mig inse att det finns mycket mer som står på spel. Att vara rädd, men också att det kan göra skillnad för någon som inte vågar bemöta sådana situationer. Att kunna se det från en annan vinkel precis som mig själv.

Allt som jag har genomgått i livet är inte misstag. För att jag lärde mig av olika processer. Jag tror inte att jag hade skrivit den här boken annars. Allt ont och all smärta i livet som man har varit med om, huruvida det har varit med människor eller genom andra omständigheter, tror jag har en signifikans. Det lär en läxor i livet. Allt det har kunnat förbereda mig för någonting bättre. Något som ger mig möjligheten att vara en vägledning för andra och skapa en mening för andra. Jag tror att man lär sig och går vidare, det är en livscykel. Man bör leva sitt liv med värdighet. Jag tycker att man bör välja att inte repetera sina läxor, man bör i stället välja att fortsätta framåt. Den personen som jag är i dag är ett resultat av den erfarenheten som jag har haft genom livet. Förlåtelse för mig har inneburit att lämna det förflutna bakom mig och fortsätta framåt.

Jag är orädd för att lyssna på någon. Jag är orädd att tala inför någon. Jag är orädd att nå ut. Det är det här som har fått mig att komma så här långt i dag.

Att göra skillnad

I den här boken som du kan se kära läsare, har jag delat med mig av ett antal olika aspekter i mitt liv. Nödvändiga lärdomar, erfarenheter och budskap, som har hjälpt mig att gå framåt och ändra på mitt perspektiv. Och samtidigt har jag försökt att ta reda på vad det är för uppdrag som jag har på den här jorden. Allt det här handlar om en sak.

Jag väljer att tala om det förflutna i olika aspekter och korta frågor. Jag tror att det är något som formade mig, men det är inte var jag väljer att applicera min fullständiga energi. Det mesta av min energi går till mitt nu och min framtid. Det är där jag kan göra skillnad. I den här boken väljer jag att fokusera min energi på var jag är och var jag är på väg. Alla mina processer, erfarenheter och möjligheter är anledningen till att boken kom till. Jag har inte uppfattningen att det förflutna bör forma en bok och detsamma avser vår livsresa. Jag lämnar utrymme för mitt nu och min framtid att leda antalet ord som jag väljer att skriva i min bok. Endast på det här viset upplever jag att jag kommer att lära mig och utvecklas.

Jag tror att det alltid finns en bättre plats i livet. Därav tycker jag att man bör börja med att skapa sin. Jag kommer att uppnå alla mina mål, för att jag har ett tankesätt som en segerrik person. Jag kommer att vara den bästa studenten som man kan vara, inte enbart för mig själv utan för andra i världen. Jag kommer att lära ut det som andra har lärt mig. Jag kommer att leda så att världen kan få möjligheten att se. Som ovan benämnt tror jag att saker är oförutsägbara, men förväntade. Och att endast Gud vet vad som förväntas komma. Det uppdrag som man har i livet, tycker jag att man bör fullborda och vara den bästa man kan vara.

Ibland har jag frågat mig själv, varför skriver jag? För att uttrycka känslor eller tankar? För kunskapens skull? För att göra nytta? För att lätta på hjärtat? Faktorerna är många. Jag skriver för att jag kan och vill. Jag skriver för att lämna spår, spår som ska gå att spåra oavsett århundraden. Sådana spår som lever kvar även när man själv inte gör det. Spår som man ska komma ihåg, att de en gång i livet lämnade spår. Spår som ska kunna göra skillnad för en själv och för andra. Det handlar inte om att jag blev inspirerad, utan att jag blev motiverad och menad att göra det här. Det är mitt uppdrag, mitt sätt att möjligtvis kunna motivera någon annan. Det är mitt sätt att välja att göra skillnad.

Jag upplever att en bok är en komplett cirkel av olika faktorer i livet. En bok för mig handlar om acceptans, friheten att få skriva, men främst av allt handlar en bok för mig om vägledning och att vara en röst utåt. Samtidigt tror jag att en bok är en livscykel med olika kapitel, varav alla har en röd tråd fram till mållinjen. Jag tycker att den är en struktur på vett och etikett. Man kan lära sig av erfarenhet och genom den här erfarenheten vet man hur man gör bättre framöver.

Varför har jag sammanställt allt det här i en bok? Jag har valt och väljer att göra en produkt av mig själv. Så enkelt är det. Jag väljer att visa tacksamhet gentemot människor som har gjort en skillnad i den här världen. Människor som fortsätter framåt och aldrig ger upp. Människor som visar ansvar för andra och inte enbart för sig själva. Att vilja bidra till samhället oavsett vem man än må vara. Att vilja bidra till samhället är att göra skillnad för mig. Och vad är det bästa med livet? Det bästa med livet, tycker jag, är att leva livet och i det här livet kunna göra skillnad.

Jag tror att man behöver kunna acceptera olikheter ännu mer. Och lära att alla har sin egen väg i livet. Det är av den anledningen jag tror att vi har många vägar i vår livstid. Man kan vända på sig, röra sig mot vänster eller höger, röra sig i cirklar och så vidare. Men i slutändan känner jag att man har ett val, ett val att välja sin egen väg. Jag tycker att man bör respektera varje människa och vad den människan kan bidra med i världen. Jag tror att alla har ett syfte i livet, det viktiga är att förstå dem och medverka. På så vis gör man inte skillnad enbart för sig själv. Det hjälper en själv att växa och utveckla aspekter i livet, som kommer att vara användbara för en genom hela processen. De här människorna i min bok valde att använda sin röst, så att andra får möjligheten att inse att livet handlar om att bidra oavsett omständigheterna. Jag tror att det är just då som man kan göra skillnad. Jag tycker att man bör uppskatta de människor som gör skillnad och även de människor som inte gör det. För de som i nuläget inte gör skillnad kommer i framtiden att kunna göra det.

Varför vill man kunna ge tillbaka? Jag känner inte att pengar är framgång, utan att människor är det. Att ge tillbaka till andra, upplever jag, medför att man även ger tillbaka till sig själv. På så vis är det min framgång, mitt sätt att kunna göra skillnad. Jag har många människor runt omkring mig som har uppnått framgång. Att välja att hoppa på deras livsresa skulle innebära att välja att sitta i passagerarsätet. Jag väljer mina egna hjul, mitt eget fordon och främst väljer jag att befinna mig i förarsätet. Det här är därmed min egen framgång, genom att göra det jag är menad att göra.

Den här boken är inte enbart en bok om mig själv. Det är en bok om olika aspekter. Men främst är det en bok om olika sätt att bidra på och människor som gjorde en skillnad för mig på vägen upp mot viktiga steg i mitt liv. Det är nästan som att varje trappsteg innehar något annorlunda. Olika människor, processer och meningar. Varje trappsteg tror jag är ytterligare ett trappsteg närmare ens eget uppdrag, syfte i livet. Vem man möter och vad man upplever är olika. Men vad man väljer att ta med sig är ens eget.

Jag har aldrig haft uppfattningen att man ska känna sig tvungen att hjälpa andra. Att hjälpa andra är enligt min uppfattning att bidra av fri vilja. Det bör ske för att man vill det och inte för att man känner sig tvungen att göra det. Jag tycker att en människas ansvar gentemot andra och samhället bör komma från en plats med sanna önskningar. Att hjälpa handlar om att göra det för att ens tankar talar om för en att man vill det. Jag tycker inte att man ska göra det för att tankarna talar om för en att man är tvungen att göra det. Jag har alltid känt att det finns ett antal måsten i livet. Sedan upplever jag att man har två tydliga val. Att välja att inte göra skillnad eller att välja att verkligen göra skillnad. Valet är ens eget, ens eget spår.

Under tiden då jag arbetade som antecknare gav det mig en helt annan bild på vad saker har för betydelse för någon annan, som inte har samma möjligheter som en själv. Jag tror att det handlar om att göra nytta för någon annan, för att underlätta studietiden och arbetet för den människan.

Det gör det enklare för någon med funktionsnedsättning, som inte har möjligheten att förstå på samma sätt, att nu kunna följa upp och göra det.

Som människa kan man ha fått goda förusättningar men vad man väljer att göra av dem, tycker jag är ens eget ansvar. Jag känner inte att man bör skylla på samhället. För jag upplever att samhället är en själv och då handlar det om att skylla på sig själv. Om man vill göra något av sitt liv, och göra något bättre i barnens liv, tycker jag att man bör göra något av sig själv.

Jag upplever att allt i den här världen är ett test. Ett test på hur man bör behandla människor. Ett test på hur man bör behandla sig själv. Ett test på hur man ska överleva. Men främst av allt är det ett test på hur man ska leva. Ett test på huruvida man är villig att göra skillnad.

Jag har många gånger känt att människor må uttrycka sig med att det inte är deras ansvar, det är statens ansvar att se till att hemlösa människor har tillgång till mat och vatten. Jag känner att man ändå bör kunna göra det till sitt ansvar. Varför bör man det? Man väljer att bidra. På samma sätt som man gör skillnad för dem, tycker jag att man gör en skillnad för sig själv.

Att jag har valt att skriva om andra i min bok, handlar om att jag väljer att visa min respekt och uppskattning för dem. Det handlar om att jag väljer att erkänna deras sätt att bidra till världen. Trots att en del människor inte känner en, berör det möjligheten att kunna tala om för dem att de motiverar en. Tyvärr har jag sett att människor har en tendens att såra och nedvärdera andra, i stället för att visa uppskattning och kärlek gentemot dem. Jag upplever att en människas hudfärg inte bör vara en faktor för huruvida någon är lämplig att vara ens vän eller inte. Likaså bör religion inte vara en gräns för huruvida man väljer att ingå äktenskap med någon eller inte. Och främst av allt ska det inte, oavsett vem man är som människa, kvinna eller man, politiker eller skådespelare, vara en gräns för huruvida man har möjligheten att använda sin röst för att tala och säga ifrån. Jag tycker att allt handlar om att få människor att känna sig trygga och älskade, trots att de inte alltid känner så. Att göra skillnad handlar för mig om att anstränga sig för att lyckas med det här.

När man tror och vet att man kan, känner jag att man kommer att klara det. I flesta avseenden upplever jag, att de mest framgångsrika människorna, är de som inte har haft mycket i början, men lyckas vara hjärnan bakom stora projekt. Och de lyckas nå höjder. När man väl får sitt rampljus, tycker jag att man bör se till att skina starkt. Man bör ta sitt steg och se till att det ljuset blir ihågkommet.

Min bok är baserad på innehåll, ett visst innehåll som jag hoppas ska förmedla budskap och ge någon hopp om att det går. Det är vad det handlar om. Det här känner jag, är vår kommunikation med omvärlden i mån om att göra skillnad. Ett sätt att förstå varandra och att själva bli förstådda. Att göra skillnad i den här världen innefattar för mig att vilja växa, utvecklas, söka, upptäcka, interagera, nå framgång och främst av allt läka. Att hjälpa världen. Om man väljer att göra skillnad för alla andra, känner jag att man även väljer att göra skillnad för sig själv. Och när man väljer att göra skillnad för sig själv, väljer man att likaså göra det för alla andra. Någon kommer möjligtvis en dag att erkänna och uppskatta dig kära läsare, samt uttrycka sin tacksamhet för att man har väglett och varit den här individens motivation framåt. Att göra skillnad handlar i slutändan inte om att göra en skillnad i den här världen. För mig handlar det i stället om att göra en skillnad i vår värld.

När man ger sig ut i världen, upplever jag att en hel del handlar om hur man rör på sig. Framåt, vänster, höger eller bakåt. Varje rörelse, steg är något nytt. Alla steg är ens egna. Antingen kan det bli tuffare eller lättare. Men en sak tror jag är säker. Alla rörelser, steg är på vägen mot en skillnad. Därav tycker jag att man bör följa med och på något vis göra en skillnad.

För mig handlar det inte enbart om att nå ut med information, budskap, utan det handlar även om att stå ut. Stå ut från mängden, det lilla extra som gör att inte enbart man själv söker sig till andra människor, kära läsare. Men att de här människorna även väljer att söka sig till dig. Vidare känner jag att man bör berätta för att kunna skapa sin egen berättelse. Endast då tror jag att man kommer att ha kännedom om resultatet av det hela.

Jag har uppfattningen att vi alla kan hjälpa varandra. En strävan om något bättre. Gränser upplever jag finns i ord, men hur mycket man som människa kan prestera är enskilt, gränslöst. Och hur mycket skillnad man kan göra är likaså individuellt och omätbart.

Min bok involverar inte enbart mig som person, utan även de människor som har gjort en skillnad för mig men också för samhället, världen. Jag känner att det är just vid den här punkten som man bör kunna lära sig att inte nedgradera någon annan, för att den människan har uppnått en större framgång än vad man själv har gjort. Man bör i stället lära sig av de här människorna, hur man bör eller kan göra för att nå sin egen framgång. För mig handlar det inte om vad man gör i livet, utan vad man ger tillbaka. De här människorna har gjort en skillnad i vår värld. Nu är det min, din, vår tur kära läsare, att få hjulet att röra på sig och göra vår skillnad.

Varför välja en bok för att göra skillnad? Författarskap för mig är ett kall, det är inte en passion. Passionen är alltid skriften, innehållet och budskapet som förmedlas. Så har jag alltid sett på det. Författarskap, känner jag, är däremot möjligheten att kunna göra skillnad med orden som förmedlas. Jag tror inte att författarskap är något som man kan lära, utan något som man får tilldelat från ovan. Ett kall, ett öde. Jag tror att jag var menad att skriva den här boken på det här viset. När en dörr stängdes igen insåg jag att en annan var menad att öppnas upp för mig.

Första gången jag såg lyckohjulet tänkte jag för mig själv, vad är min lycka i den här världen? Vad är mitt syfte? Varför är jag egentligen här? Alla de här människorna i min bok är olika. De är författare, atleter, prinsessor, rektorer och så vidare. Men främst av allt är de människor, människor som har gjort och fortfarande väljer att göra skillnad i vår värld. Och därav tror jag att alla är här för att göra skillnad. Vårt lyckohjul, känner jag, förblir vad vi väljer att göra av det i livet.

Den här boken är en bok med genuina individer som har uppnått framgång och gjort en skillnad i livet. Deras sätt att vara sig själva och uppskatta varje ny dag. Den här boken involverar likaså mitt sätt att aldrig ge upp, för att kunna göra en skillnad. Jag tror inte att man bör ge upp, aldrig. Jag tycker att man bör visa uppskattning gentemot andra människor. Och samtidigt hoppas jag någonstans att de här orden gör skillnad för någon där ute. Det är mitt lyckohjul.

Jag tror att man bör kunna ge tillbaka för att kunna göra skillnad. Att ge tillbaka är för mig mer än vad många skulle uttrycka som, allt. Jag känner att man bör kunna ge mer av sig själv, så att världen får möjligheten att se. Och ge tillbaka till världen på samma sätt som man själv en gång har mottagit. Specifikt till de människor som är mindre lyckligt lottade. Min tro på Gud har fått mig att komma långt i livet. Jag tror inte att Gud kommer att forcera någon att ge tillbaka när man mottar något själv. Jag tror däremot att Gud kommer att visa en vägen till möjligheter, hur man ska göra och vad som behöver ske.

Jag har alltid försökt att undvika att behöva leva ett liv fyllt av, tänk om det här hade kunnat ske? Jag tycker att det enbart skapar frågetecken. Jag tror inte att någon människa är menad att leva ett sådant liv. I stället för att försjunka i tankar om vad som skulle kunna ha skett, tycker jag att man bör göra något åt det hela. Och skapa sig ett liv där man kan uttrycka sig med, jag har gjort det här, jag har gjort en skillnad. Som tidigare benämnt i den här boken, tycker jag att om man vill att något ska gå i uppfyllelse, då bör man berätta det, känna det och leva det. Detsamma avser att göra skillnad. Vill man göra skillnad, tycker jag att man bör berätta det, känna det och leva det. Enligt min uppfattning har allt en mening i livet. Och min mening börjar här.

Jag upplever att människor har en tendens att vara otrevliga mot varandra. Och ibland kan det vara så att svartsjuka eller avundsjuka är en utgångspunkt för det här. Olyckligtvis har jag varit med om den erfarenheten, där människor är mindre benägna att beundra varandra, vilket jag känner bör förändras. Jag valde att skriva den här boken om olika aspekter, bland annat om att uppskatta människor. Människor som trots den kritik som de har mottagit av andra eller vad som än har lyckats komma deras väg, fortfarande visar sin uppskattning och motiverar andra människor. De hanterar inte situationer genom att ge ett gensvar med hemska ord, i stället fortsätter de framåt och önskar alla ett gott liv framöver. Jag upplever att det krävs lite för att lämna ett avtryck och göra en skillnad. Men det krävs ännu mindre för att inte göra det. Jag väljer att göra skillnad. Kära läsare, vad är ditt val?

Vidare känner jag att människor som räcker ut en hjälpande hand i komplicerade situationer och vill att jag ska vara en del av samhället, visar att det är vårt samhälle och att vi klarar det tillsammans. I min realitet föds alla som egna individer. Och jag tycker att man som spädbarn välkomnas in i världen på det här viset. Men jag tror inte att det är menat att någon ska vara ensam.

Jag tycker att det krävs ett stort engagemang och en hel del tid i att hjälpa andra att få en ljus framtid. Ens egen energi övergår till att bli deras energi. Och deras energi övergår till att bli ens egen energi. För mig är inte en individ enbart en individ, utan den här individen blir som ett projekt för en annan. Ett projekt inkluderar allt möjligt, schema, rapportering, kontakten och hela processen som helhet. Varje gång vi öppnar upp våra hjärtan för att hjälpa andra, känner jag att vi även accepterar en ny mening i våra liv. Och för dem innebär det här en biljett till en ny och ljus destination i livet, fylld med framgång och överflöd på många olika sätt.

För mig är det en välsignelse att vara vid liv och livet i sig är underbart. För att kunna fånga ögonblicket i livet, tycker jag att man bör leva det. Man bör leva sitt liv fullständigt, för att fånga vad som sker i det. Man bör se till så att man tar vara på tillvaron man har. Det är något som jag finner vara viktigt i vår livstid.

När jag påpekar att man bör göra skillnad, åsyftar jag på att man bör fortsätta att göra det. Jag tycker inte att man bör sluta efter att ha gjort det en gång. Jag ser på världen som full av möjligheter, på samma vis som man som människa är full av storhet och ödmjukhet. Därför tycker jag att man bör dela det med världen. Och ge tillbaka på samma sätt som Gud öppnade upp dörrarna för mig, dig, oss.

Vissa av de här enastående människorna känner jag och andra känner jag inte. Vissa har jag inte fått möjligheten att lära känna och andra kommer jag inte att få möjligheten att träffa under min tid på den här jorden. Men en sak som alla de har gemensamt är att deras kommunikation och budskap är något som har lämnat spår hos mig. Jag upplever inte att man behöver känna någon för att känna av något. Någonting annat som jag känner att de här människorna har gemensamt är att de är humana. De gör och har gjort skillnad för oss andra och även för sig själva. Likaså tycker jag inte att man behöver känna någon, för att känna av kommunikationen och bli motiverad framåt.

Enligt min mening bör man kunna upplysa sig själv, för att kunna upplysa andra. Min väg är min egen resa i livet och jag kommer att röra mig på den. Därav känner jag att man bör motivera sig själv och andra varje dag. Sättet man handlar på, agerar på och sättet man väljer att leva sitt liv på, är ett ansvar som man själv bär på. Jag väljer att uppskatta livet och de runt omkring mig. På så vis känner jag även att styrkan inom mig blir allt större. Jag upplever att alla har möjligheter i livet, men vilken väg man väljer att röra sig på är ens egna val. På så vis tycker jag att man bör vårda om sitt ansvar och inte förneka det. Varje nytt steg kan vara ett nytt steg mot något ännu bättre. Jag tror inte att ljuset endast existerar för att man ska kunna se i mörkret, utan för att det här ljuset ska kunna leda dig ut genom mörkret. Att göra en skillnad för sig själv, innebär för mig att göra en skillnad för andra. Att göra en skillnad för andra, leder till att man gör en skillnad för sig själv. För att ha ansvar, tycker jag att man bör kunna uppskatta det. På samma vis som man uppskattar livet och allt som finns i livet.

Jag har alltid känt att man som människa har olika saker i livet, en fantasi och en verklighet. En dröm och önskan, mål och idéer. Främst av allt känner jag att alla har en vilja, en tro och varandra. En tro på en bättre värld. En vilja att göra skillnad. En väg där den ena och den andra leder till att man har varandra. Jag upplever att man som människa ger samhället liv och samhället ger oss näring i att vilja fortsätta framåt.

Jag tror att det i första grad handlar om att kunna acceptera sig själv för att kunna få känna acceptans överlag. Jag tycker att ha självrespekt, tron på sig själv och även kärleken till sig själv gör att allt man producerar väcks till liv. Jag känner inte att ord återfinns utan självinsikt. Jag tycker att det som man producerar ska man kunna representera. Något som sedan någon annan kan få nytta av. Självklart handlar det för en själv om att nå ut med budskap och växa, men främst av allt göra skillnad hos någon annan. Det här är det som har en betydelse för mig. För visst tror jag att det går i cirklar, precis som i lyckohjulet.

Det återfinns en mening med allt som jag har genomgått i livet. Jag upplever att det finns en mening med att jag lever i dag. Det finns en mening för mig med att vilja göra skillnad. Gud och min eviga tro har fått mig att komma en lång väg. Jag har använt alla de här processerna och situationerna som jag har genomgått och varit med om, som verktyg och förutsättningar. I mån om att kunna göra något bättre, göra skillnad. Om du kära läsare, fick möjligheten att göra det du är menad att göra i vår värld, skulle du då inte försöka att göra allt du kan för att nå dit? Jag hoppas det. Mitt kall handlar inte om att enbart försöka, det är min mentalitet som får mig att vilja fullborda mitt mål. I livet tycker jag att man bör anstränga sig för det man vill ha. På samma sätt bör man anstränga sig för att komma till sitt mål.

Mitt lyckohjul har varit att hjälpa människor. Mitt lyckohjul är att kunna göra skillnad och det här är vad jag betraktar som min framgång. Något som jag kan växa av och fortfarande utvecklas av. Mitt lyckohjul har varit att inte ge upp och vara orädd inför situationer. Något som jag har lärt mig av alla situationer är att man inte behöver gå för att göra skillnad, det viktiga känner jag är att man rör på sig. Enligt min mening gör lyckohjulet skillnad för människor, utan att gå, det rör på sig. Mitt lyckohjul har varit att få träffa människor. Oavsett om det har slutat olyckligt, har de här läxorna alltid lärt mig något. Det är just så jag har förstått att jag inte är själv. Att det finns något mer i livet. Ett test på min utveckling och vilja att göra något större i vår värld.

Ibland undrar jag om människor har uppfattningen att man bör vara förmögen för att kunna göra skillnad. I min uppfattning bör man vara välsignad. Och det känner jag att alla är. Det handlar om logiken i det hela. Självklart tycker jag att det materiella i livet kan bidra till att man kan göra saker. Det kan få en att synas. Egentligen känner jag att det bör vara mer än så. För att göra en skillnad, upplever jag att man bör ha ett uttalande i livet, för att få sin röst att bli hörd. Här är det materiella oväsentligt. För mig är allt välsignat i den mening man väljer att göra skillnad genom att vara den man är. Man kan uttala sig i dag, men det handlar om logiken. Man bör kunna kvarstå. Alla de här människorna får oss att lyssna. Och vet du varför, kära läsare? För mig handlar det om att de har ett uttalande i livet. De väljer att följa vägen där det otänkbara övergår till att bli tänkbart genom att vara de själva. De gör skillnad varje dag genom att presentera sitt uttalande för världen. Jag känner att man bör kunna utvecklas varje dag. Jag har försökt att hålla löftet till mig själv och inte enbart till alla andra, att jag kommer att göra en skillnad långsiktigt. Det är då som jag tror att människor kommer att vilja höra på en. När man är sann mot sig själv och inte enbart mot alla andra. Jag väljer att göra skillnad, jag tror och börjar med mig själv.

Att göra skillnad, upplever jag inte är att placera en silversked på bordet, det är djupare än så. För mig handlar det om budskapet skeden bär kring varför den finns på bordet. Det gör mig glad att se att många har börjat tänka i den riktningen som mig själv. Vissa saker tycker jag att man kan ta del av och vägledas av sedan tidigare. Andra saker har nog även utvecklats i samband med den här pandemin. Man kan alltmer relatera till varandra och jag känner att våra tankar korsar varandras. Man kan mötas och diskutera, enas och förenas, vilket för mig grundar sig i att man mer och mer strävar i den banan att kunna göra skillnad.

Jag tror inte att en bok skrivs över en natt, det är en process och detsamma är livet. Jag tycker att livet är fullt av gåtor, olika uppgifter som man ska klura ut och lösa. Jag tror att det är just det här som ger oss möjligheten att utvecklas, att vara extraordinära. Jag älskar gåtor, det har jag alltid gjort. Livet tror jag är en gåta, ett mysterium. Man färdas genom livet och upptäcker saker, vetandes eller ovetandes. Att klura ut vad lycka är för mig kan också vara en gåta. Att göra skillnad gör mig lycklig, det är mitt lyckohjul.

Det finns olika sätt att göra skillnad på. De här olika kapitlen är en del av mitt liv. Jag upplever att alla har sina egna kapitel och sitt eget liv. Jag tror inte att göra skillnad handlar om att få det bekräftat på papper. Det handlar om de spår som det lämnar hos oss andra och likaså en själv. I själen, hjärtat, vår historia och våra framtidsutsikter. Mitt lyckohjul har en historia och även en framtid.

Om du har lyckats ta dig så här långt in i boken min kära läsare, är jag hedrad. Jag tror att jag kan, på samma sätt som jag tror på att du kan. Jag tror på att man bör följa sina mål, uppdrag, sitt kall och att förverkliga sina drömmar. Kom ihåg att göra skillnad. Jag tycker att man bör göra en skillnad för sig själv, för andra men också för världen. Det som jag upplever kommer att vara kvar efter att man lämnar den här jorden, är minnet av att man har gjort en skillnad. Även om människor går bort, känner jag att man fortfarande har minnen och arv som är kvar. Och vi behöver uppskatta dem och fortsätta att göra skillnad på samma sätt som de skulle om de fortfarande var vid liv i dag. När man gör saker i livet, tycker jag att man inte bör vilja bli ihågkommen för just det ögonblicket. Man bör vilja bli ihågkommen för en livstid. Jag tror att alla kan göra skillnad för andra och för sig själva. Enligt min mening är den sista bokstaven i den här boken därför inte slutet på en resa, det är en början på en ny.

Ingår lyckohjulet i aspekten att göra skillnad? Jag ser det på det viset. Främst av allt tycker jag att man själv får sitt lyckohjul genom att göra en skillnad. För att man ska kunna få sitt lyckohjul bör man kunna hylla och uppskatta människor som har gjort en skillnad. Det handlar även om att själv nå dit. Vad är det då som rör på sig men går aldrig? Jag tror nog att du har lyckats klura ut det vid det här laget, min kära läsare. Jag upplever att det är lyckohjulet. Och det här är mitt lyckohjul. Det här är mitt sätt att visa uppskattning gentemot de människor som också uppskattar andra. Det här är min framgång. Jag känner inte att lyckohjulet är till för att hata, det är menat att röra på sig i kärlekens och lyckans namn. Jag tycker inte att det rör på sig för förlust, utan det är menat att röra på sig för framgång på många sätt. Jag anser att det rör på sig på samma sätt som man själv bör röra sig framåt i livet. För att det här ska vara möjligt, upplever jag att man bör kunna erkänna och uppskatta andra som har gjort en skillnad i vår värld. Det är på det här viset som jag tror att alla möts och går samman. Och det här ger oss sedan vårt eget lyckohjul.

Jag ser på den här boken som att hoppa upp på hoppbocken, sträcka ut händerna högt upp, hoppa ner och landa med händerna högt upp. Jag känner att en berättelse spelar en roll då den kan hjälpa, motivera, påverka människor och göra en skillnad för dem. Det är allt som betyder något. Enligt min uppfattning är din berättelse din egen, men samtidigt tycker jag att den även kan bli en del av någon annans. I mitt fall har jag valt att dela mina tankar, känslor och min berättelse med dig, kära läsare. Jag är medveten om att kritik existerar. Vissa kommer inte att förstå vad jag menar, andra någorlunda, men jag hoppas att majoriteten gör det. Det här är min berättelse och jag lever i tron på att den här boken får möjligheten att resa runt i världen. Och förhoppningsvis, en dag, göra skillnad för någon där ute.

Det är år 2022 och även påsken har passerat. De senaste två åren av den här pandemin kommer människor att minnas länge, en del för evigt. Mina tankar och böner går ut till alla som har förlorat en närstående. Mitt lyckohjul är fortfarande att göra skillnad. Det är mitt lyckohjul och det är det som ska röra på sig för en framtid lycka.

Slutord

Jag har under våren varit på en lärorik praktikplats. De här människorna liksom alla andra i min bok arbetar hårt för att göra skillnad varje dag. Jag känner mig hedrad och välsignad över att ha fått dela alla upplevelser tillsammans med dem.

Lyckohjulet rör på sig, rör på sig och rör på sig. Och det stannar till vid en punkt.

Kära läsare...

Gör skillnad...